COLLECTION CARRÉS À CROQUER

30 desserts ch'ti

Recettes et photos de Sylvie Aït-Ali
www.amusesbouche.fr

EDITIONS ESI
60, rue Vitruve, 75020 Paris

Imprimé au Portugal par Printer Portuguesa à Rio de Mouro
© Éditions ESI – Dépôt légal : janvier 2012 – Achevé d'imprimer : novembre 2011
ISBN : 978-2-35355-901-5 – N° Sofédis : S482124

sommaire

Ch'tiramisu

Préparation : 30 minutes · Repos : 24 heures · Difficulté : ★ Budget : ★

Pour 6 verrines

- **3 œufs**
- **70 g de sucre**
- **300 g de mascarpone**
- **2 cuil. à soupe de chicorée liquide**
- **200 g de spéculoos**

Séparez les jaunes d'œufs des blancs. Battez les jaunes avec le sucre jusqu'à ce que le mélange blanchisse, puis ajoutez le mascarpone et la chicorée et fouettez encore 2 minutes.

Montez les blancs en neige et incorporez-les à la préparation précédente.

Remplissez les verrines en alternant la crème et les spéculoos, en commençant par des biscuits et en finissant par de la crème. Les spéculoos n'ont pas besoin d'être humidifiés, ils le seront en étant au contact de la mousse pendant le repos au frais.

Laissez reposer 24 heures au réfrigérateur.

Au moment de servir, décorez à votre goût, avec des spéculoos réduits en miettes, des copeaux de chocolat ou, comme sur la photo, avec un macaron à la chicorée.

Charlotte au genièvre et au pain d'épices

Préparation : 30 minutes · Repos : 4 heures · Cuisson : 10 minutes
Difficulté : ★★ Budget : ★★

Pour 4 verrines

- **15 cl de lait**
- **1 jaune d'œuf**
- **30 g de sucre**
- **10 g de Maïzena**
- **1,5 feuille de gélatine**
- **2 cuil. à soupe de baies de genièvre**
- **12 tranches de pain d'épices**
- **15 cl de crème liquide entière**

Faites chauffer le lait dans une casserole. Mélangez le jaune d'œuf et le sucre jusqu'à ce que le mélange blanchisse. Ajoutez la Maïzena et versez dessus le lait bouillant, remettez le tout dans une casserole et faites épaissir à feu doux.

Retirez du feu et ajoutez les feuilles de gélatine essorées et le genièvre, mélangez pour faire fondre la gélatine. Laissez tiédir.

Coupez les tranches de pain d'épices en trois, retirez les bords sombres puis coupez chaque morceau en deux dans le sens de l'épaisseur. Placez les rectangles fins de pain d'épices dans les verrines pas trop hautes mais larges, positionnez-les de façon à ce qu'ils se chevauchent. Placez un morceau de pain d'épices dans le fond.

Fouettez la crème liquide en chantilly et incorporez-la à la crème au genièvre. Versez la mousse dans les verrines. Placez au frais 4 heures avant de servir.

Clafoutis à la rhubarbe

Préparation : 30 minutes · Repos : 30 minutes · Cuisson : 40 minutes
Difficulté : ★ Budget : ★

Pour 6 personnes

- **3 tiges de rhubarbe**
- **3 cuil. à soupe de sucre**
- **50 g de Maïzena**
- **100 g de vergeoise blonde**
- **2 cuil. à café de sucre vanillé**
- **40 g de poudre d'amandes**
- **3 œufs**
- **20 cl de lait**
- **25 cl de crème liquide**
- **Beurre**

Épluchez et coupez la rhubarbe en tronçons. Placez-les dans un saladier avec le sucre et laissez reposer 30 minutes.

Préchauffez le four à 180 °C (th. 6).

Mélangez la Maïzena, la vergeoise, le sucre vanillé et la poudre d'amandes. Ajoutez les œufs battus en omelette, puis versez le lait et la crème. Vous devez obtenir une pâte assez liquide et sans grumeaux.

Beurrez largement un plat à gratin ou à manqué, puis saupoudrez-le de sucre. Répartissez la rhubarbe égouttée, puis versez la pâte.

Mettez au four pour 40 minutes. Vérifiez la cuisson entre-temps, car le clafoutis ne doit pas être trop cuit.

Laissez refroidir, puis placez au frais.

Clafoutis de fraises de Phalempin

Préparation : 15 minutes · Cuisson : 20 minutes · Difficulté : ★ Budget : ★

Pour 6 personnes

- **400 g de fraises**
- **3 œufs**
- **100 g de sucre roux**
- **1 sachet de sucre vanillé**
- **50 g de Maïzena**
- **8 spéculoos**
- **20 cl de lait**
- **15 cl de crème liquide**
- **Beurre**
- **Sucre glace**
- **Crème Chantilly**
- **Sel**

Préchauffez le four à 180 °C (th. 6).

Lavez les fraises, séchez-les et équeutez-les.

Fouettez les œufs, le sucre roux et le sucre vanillé. Ajoutez la Maïzena, une pincée de sel et les spéculoos réduits en poudre.

Une fois que le mélange est bien homogène, ajoutez progressivement le lait et la crème liquide.

Disposez les fraises entières dans les mini cocottes beurrées et versez la pâte. Mettez au four pour 20 minutes.

Laissez refroidir puis placez au frais. Saupoudrez de sucre glace et servez accompagné de chantilly.

Coquille de Noël ou cougnou

Préparation : 20 minutes · Repos : 3 heures · Cuisson : 30 minutes
Difficulté : ★★ Budget : ★

Pour 2 brioches

- **18 cl de lait**
- **100 g de beurre**
- **2 œufs**
- **80 g de sucre**
- **½ cuil. à café de sel**
- **500 g de farine**
- **1 sachet de levure boulangère déshydratée**
- **1 jaune d'œuf**

Mettez tous les ingrédients (sauf le jaune d'œuf) dans la cuve de la machine à pain selon l'ordre indiqué dans la liste. Sélectionnez le programme « Pâte ». Une fois pétrie, la pâte doit reposer 1 h 30.

Vous pouvez également préparer la pâte à la main : formez un puits avec la farine et placez au centre tous les ingrédients. Pétrissez 15 minutes sans ajouter de farine. La pâte, collante au début, le sera de moins en moins au cours du pétrissage.

À la fin du programme de la machine à pain, versez la pâte sur un plan de travail légèrement fariné, divisez le pâton en deux. Chaque pâton sera ensuite divisé en 3 boules : 1 grosse et 2 petites.

Déposez 2 petites boules aux extrémités des 2 grosses, sur une plaque de cuisson recouverte d'une feuille de papier sulfurisé. Laissez les 2 brioches, recouvertes d'un torchon, reposer dans un endroit tempéré et à l'abri des courants d'air. La pâte doit doubler de volume, ce qui prend 1 h 30 environ.

Préchauffez le four à 180 °C (th. 6). Avant d'enfourner, badigeonnez les brioches du jaune d'œuf dilué dans 1 cuil. à café d'eau.

Mettez au four 30 minutes en surveillant la coloration de la croûte. À la sortie du four, laissez refroidir sur une grille.

Remarque : la coquille est une brioche que l'on prépare à Noël. Sa forme représente l'enfant Jésus.

Cramique

Préparation : 3 h 30 · Repos : 2 heures · Cuisson : 30 minutes · Difficulté : ★★ Budget : ★

Pour 6 personnes

- **15 cl de lait**
- **1 œuf**
- **1 cuil. à café de sel**
- **70 g de beurre**
- **50 g de sucre**
- **400 g de farine**
- **1,5 cuil. à café de levure chimique**
- **80 g de raisins secs**
- **1 jaune d'œuf**

Mettez tous les ingrédients dans la cuve de la machine à pain, selon l'ordre indiqué dans la liste, sauf les raisins secs et le jaune d'œuf. Sélectionnez le programme « Pâte » et attendez le signal sonore pour ajouter les raisins secs.

À la fin du programme, la pâte a doublé de volume, déposez-la sur un plan de travail légèrement fariné.

Travaillez légèrement la pâte (les raisins secs peuvent être ajoutés à ce moment) et déposez-la dans un moule à cake de 26 cm de long, graissé et fariné. Laissez lever la pâte dans un endroit tempéré à l'abri des courants d'air, recouverte d'un torchon. La pâte doit doubler de volume, ce qui prend 2 heures environ.

Préchauffez le four à 180 °C (th. 6).

Délayez le jaune d'œuf dans 1 cuil. à café d'eau afin d'avoir une jolie dorure et badigeonnez la brioche au pinceau.

Mettez au four pendant 30 minutes. La brioche doit dorer uniformément.

Craquelin

Préparation : 3 h 30 · Repos : 2 heures · Cuisson : 25 minutes · Difficulté : ★★ Budget : ★

Pour 6 personnes

- **18 cl de lait**
- **1 jaune d'œuf**
- **1 cuil. à café de sel**
- **70 g de beurre**
- **40 g de sucre**
- **300 g de farine**
- **1 cuil. à café de levure boulangère déshydratée**
- **60 g de sucre perlé**

Pour la dorure

- **1 jaune d'œuf**

Mettez tous les ingrédients dans la cuve de la machine à pain, selon l'ordre indiqué dans la liste, sauf le sucre perlé. Sélectionnez le programme « Pâte ».

À la fin du programme, la pâte a doublé de volume, déposez-la sur un plan de travail légèrement fariné.

Travaillez légèrement la pâte, ajoutez à ce moment-là le sucre perlé. Formez une boule et déposez-la dans un moule à manqué, beurré et fariné.

Laissez lever la pâte dans un endroit tempéré à l'abri des courants d'air, recouverte d'un torchon. La pâte doit doubler, il faut 2 heures environ.

Préchauffez le four à 180 °C (th. 6).

Délayez le jaune d'œuf dans 1 cuil. à café d'eau et badigeonnez la brioche au pinceau.

Mettez au four 25 minutes. La brioche doit dorer uniformément.

Conseil : les craquelins sont des brioches aux pépites de sucre d'origine belge mais que l'on trouve dans toutes les boulangeries du Nord de la France.

Crème brûlée à la chicorée

Préparation : 15 minutes · Repos : 2 heures · Cuisson : 1 h 10 · Difficulté : ★ Budget : ★

Pour 6 personnes

- **15 cl de lait**
- **35 cl de crème liquide entière**
- **5 jaunes d'œufs**
- **60 g de sucre**
- **2 cuil. à soupe de chicorée liquide**
- **Vergeoise blonde**

Versez le lait et la crème liquide dans une casserole et portez à ébullition.

Préchauffez le four à 100 °C (th. 3-4).

Battez les jaunes d'œuf avec le sucre, puis ajoutez la crème bouillante. Ajoutez la chicorée, puis versez la préparation dans 6 coupelles à crème brûlée.

Mettez au four pour 1 heure. Laissez refroidir et placez au frais 2 heures minimum.

Au moment de servir, saupoudrez les crèmes de vergeoise et caramélisez-les à l'aide d'un chalumeau.

Crème glacée au spéculoos

Préparation : 20 minutes · Repos : 6 heures · Cuisson : 10 minutes
Difficulté : ★★ Budget : ★

Pour 6 personnes

- **45 cl de lait entier**
- **4 jaunes d'œufs**
- **60 g de sucre roux**
- **1 sachet de sucre vanillé**
- **½ cuil. à café de quatre-épices**
- **200 g de spéculoos**
- **20 cl de crème liquide**

Faites chauffer le lait dans une casserole. Pendant ce temps, fouettez les jaunes d'œufs, les sucres et le mélange de quatre-épices jusqu'à ce que la préparation blanchisse.

Versez le lait chaud sur ce mélange, tout en continuant de battre. Faites épaissir sur feu doux sans faire bouillir, pour obtenir une crème anglaise. Laissez refroidir.

Ajoutez les spéculoos émiettés, puis laissez reposer au frais 6 heures minimum.

Fouettez la crème liquide en chantilly et incorporez-la au mélange bien froid.

Faites prendre le tout dans une sorbetière.

Dégustez aussitôt, ou conservez la crème glacée au congélateur dans une boîte hermétique.

Crêpes à la bière

Préparation : 15 minutes · Repos : 1 heure · Cuisson : 20 minutes · Difficulté : ★ Budget : ★

Pour 6 personnes

- **500 g de farine**
- **5 œufs**
- **3 cuil. à soupe de sucre**
- **50 cl de lait**
- **20 cl de bière**
- **2 cuil. à soupe de rhum**
- **80 g de beurre**
- **Sel**

Dans un saladier, mélangez la farine, les œufs, le sucre, une pincée de sel et ajoutez un peu de lait jusqu'à obtenir une pâte bien lisse.

Incorporez ensuite petit à petit le restant de lait, la bière et le rhum.

Faites fondre le beurre et ajoutez-le au mélange.

Couvrez et laissez reposer 1 heure.

Faites cuire les crêpes dans une poêle très chaude et servez-les accompagnées de vergeoise brune, de sucre, de chocolat ou de confiture.

Conseil : si vous choisissez de les saupoudrer de vergeoise brune, superposez les crêpes les unes sur les autres afin que la vergeoise fonde et coule dans la bouche au moment de la dégustation.

Crumble aux pommes et sa glace à la chicorée

Préparation : 45 minutes · Repos : 4 h 20 · Cuisson : 50 minutes
Difficulté : ★★ Budget : ★

Pour 6 personnes

- 100 g de beurre
- 80 g de farine
- 80 g de sucre roux
- 1 sachet de sucre vanillé
- 80 g de poudre d'amandes
- 2 kg de pommes

Pour la glace à la chicorée

- 30 cl de lait
- 3 jaunes d'œufs
- 120 g de sucre
- 3 cuil. à soupe de chicorée liquide
- 20 cl de crème liquide entière

Préparez la glace : faites chauffer le lait dans une casserole à fond épais. Fouettez les jaunes d'œufs et le sucre jusqu'à ce que le mélange blanchisse. Versez le lait bouillant puis reversez le tout dans la casserole, ajoutez la chicorée et laissez cuire à feu doux sans cesser de mélanger jusqu'à ce que la crème nappe la cuillère en bois, ne faites pas bouillir. Laissez refroidir.

Ajoutez la crème et laissez reposer 4 heures au frais.

Versez la crème à la chicorée dans une turbine à glace, puis placez-la au congélateur.

Commencez par réaliser le crumble, écrasez le beurre en pommade à l'aide d'une fourchette, ajoutez la farine, le sucre, le sucre vanillé et la poudre d'amandes. Commencez par mélanger à la fourchette puis, du bout des doigts, formez un gros sablé. Placez au frais 20 minutes.

Pendant ce temps, épluchez les pommes et coupez-les en morceaux. Répartissez-les dans 6 ramequins et couvrez de crumble. Placez au four 30 à 40 minutes à 180 °C (th. 6). Le crumble est prêt lorsqu'il est bien doré et qu'il y a un petit bouillon sur les côtés du plat.

Laissez tiédir puis servez le crumble accompagné de deux quenelles de crème glacée à la chicorée.

Crumble de fraises aux spéculoos

Préparation : 20 minutes · Repos : 30 minutes · Cuisson : 15 minutes · Difficulté : ★ Budget : ★

Pour 4 verrines

- **50 g de spéculoos**
- **40 g de poudre d'amandes**
- **30 g de farine**
- **30 g de sucre roux**
- **2 sachets de sucre vanillé**
- **50 g de beurre**
- **500 g de fraises**
- **½ cuil. à café de cannelle en poudre**

Mixez les spéculoos afin d'obtenir une poudre.

Mélangez la poudre d'amandes, la farine, le sucre roux, 1 sachet de sucre vanillé et la poudre de spéculoos.

Ajoutez le beurre tempéré coupé en dés et travaillez à la fourchette afin d'obtenir un sable grossier. Formez quelques amas en pressant le mélange du bout des doigts. Placez au frais 30 minutes.

Préchauffez votre four à 180 °C (th. 6).

Étalez la pâte à crumble sur une plaque de cuisson recouverte de papier sulfurisé. Assurez-vous de conserver les amas. Mettez au four préchauffé à 180 °C (th. 6) pour 15 minutes.

À la sortie du four, laissez refroidir totalement.

Lavez les fraises, épongez-les dans du papier absorbant. Retirez les queues puis coupez quelques fraises en fines tranches et placez-les sur les parois des verrines. Coupez le restant des fraises en quatre, saupoudrez-les d'un sachet de sucre vanillé et de cannelle et remplissez les verrines aux trois quarts.

Déposez la pâte à crumble sur les fraises et servez aussitôt.

Duo de chicorée

Préparation : 40 minutes · Repos : 2 heures · Cuisson : 10 minutes · Difficulté : ★ Budget : ★

Pour 6 verrines

Pour la crème à la chicorée

- **1 cuil. à soupe de Maïzena**
- **40 cl de lait entier**
- **3 jaunes d'œufs**
- **100 g de sucre**
- **3 cuil. à soupe de chicorée liquide**

Pour la ganache au chocolat

- **8 cl de crème liquide**
- **100 g de chocolat noir**

Pour la mousse à la chicorée

- **20 cl de crème liquide entière**
- **2 sachets de sucre vanillé**
- **1,5 feuille de gélatine**

Préparez la crème : diluez la Maïzena avec 1 cuil. à soupe de lait. Fouettez les jaunes d'œufs avec le sucre, ajoutez la chicorée, la Maïzena diluée et le lait. Mélangez bien puis mettez à épaissir sur feu doux en mélangeant constamment jusqu'à ce que la crème devienne onctueuse. Versez la crème dans un saladier, couvrez au contact avec du film alimentaire et laissez refroidir.

Une fois refroidie, versez la moitié de la crème dans les verrines.

Préparez la ganache : portez la crème à ébullition et versez-la sur le chocolat coupé en petits morceaux. Mélangez jusqu'à l'obtention d'une ganache onctueuse et homogène. Nappez les verrines de ganache et laissez figer.

Préparez la mousse : montez la crème liquide bien froide en chantilly bien ferme avec le sucre vanillé. Diluez la gélatine 5 secondes au micro-ondes après l'avoir ramollie dans l'eau froide et essorée.

Incorporez la gélatine à la crème à la chicorée restante et ajoutez la chantilly.

Versez la mousse ainsi obtenue dans les verrines et laissez reposer au frais 2 heures avant de déguster.

Servez décoré de copeaux de chocolat noir ou de billes chocolatées.

Gaufres de ducasse (fête foraine)

Préparation : 20 minutes · Repos : 1 heure · Cuisson : 3 minutes par gaufre
Difficulté : ★ Budget : ★

Pour 6 personnes

- 1 sachet de levure boulangère déshydratée
- 50 cl de lait
- 500 g de farine
- 2 cuil. à soupe de cassonade
- 1 gousse de vanille
- 3 œufs
- 25 cl de bière
- 250 g de beurre
- Sucre glace
- Sel

Diluez la levure dans 3 cuil. à soupe de lait tiédi, réservez.

Dans un grand saladier, mélangez la farine, la cassonade, une pincée de sel, les graines de la gousse de vanille. Formez un puits et ajoutez les jaunes d'œufs, la levure, le lait et la bière. Mélangez jusqu'à ce que la pâte soit bien lisse. Terminez en versant le beurre fondu.

Montez les blancs d'œufs en neige et incorporez-les délicatement à la préparation.

Laissez lever la pâte pendant 1 heure environ pour qu'elle double de volume.

Faites chauffer votre gaufrier, beurrez les plaques à l'aide d'un pinceau et versez un peu de pâte sur les empreintes. Laissez cuire 3 minutes pour que les gaufres soient bien dorées.

Saupoudrez les gaufres de sucre glace.

Conseil : ces gaufres sont généralement dégustées toutes chaudes à la « ducasse » (fête foraine). On les garnit de sucre glace, de chocolat fondu ou de Crème Chantilly.

Gaufres fourrées à la vergeoise

Préparation : 30 minutes · Repos : 2 heures · Cuisson : 2 minutes par gaufre
Difficulté : ★★ Budget : ★

Pour 20 pièces

- **1 sachet de levure boulangère déshydratée**
- **20 cl de lait**
- **325 g de beurre**
- **500 g de farine**
- **3 œufs**
- **30 g de sucre**
- **1 sachet de sucre vanillé**
- **500 g de vergeoise blonde**
- **4 cuil. à soupe de rhum**

Diluez la levure dans 3 cuil. à soupe de lait tiède.

Faites fondre 125 g de beurre.

Dans un saladier, formez un puits avec la farine. Versez au centre les œufs battus en omelette, la levure, les sucres et le beurre fondu. Ajoutez le lait et pétrissez jusqu'à l'obtention d'une pâte homogène. Couvrez d'un torchon et laissez reposer 1 heure.

Mélangez le beurre restant, la vergeoise et le rhum. Réservez.

Façonnez 20 quenelles avec la pâte et laissez-les reposer 1 heure sur une plaque de cuisson.

Chauffez un gaufrier à gaufrettes et déposez les quenelles de pâte deux par deux.

Dès qu'elles sont cuites, ouvrez-les en deux à l'aide de la pointe d'un couteau et garnissez-les du mélange vergeoise-beurre-rhum. Refermez les gaufres, pressez-les légèrement et laissez-les refroidir.

Conseil : vous pouvez conserver les gaufres dans une boîte métallique pendant 4 ou 5 jours.

Gelée de mûres des terrils

Préparation : 30 minutes · Cuisson : 20 minutes · Difficulté : ★★ Budget : ★

Pour 4 pots

- **2 kg de mûres**
- **800 g de sucre gélifiant à confiture**
- **1 citron**

Lavez les mûres à l'eau fraîche.

Placez-les dans une casserole avec 20 cl d'eau et faites cuire sur feu vif 10 minutes, en mélangeant régulièrement.

Filtrez et récupérez le jus des mûres à l'aide d'un tamis fin.

Pesez-le et préparez 800 g de sucre par kilo de jus. Ajoutez le jus de citron et mettez à cuire à feu doux.

Portez à ébullition pendant 10 minutes environ en remuant de temps en temps, écumez.

Vérifiez la cuisson en déposant un peu de gelée sur une assiette froide : si elle gélifie bien, c'est prêt, sinon poursuivez la cuisson.

Mettez en pots et fermez aussitôt.

Macarons d'Amiens

Préparation : 15 minutes · Repos : 4 heures · Cuisson : 20 minutes · Difficulté : ★ Budget : ★★

Pour 6 personnes

- **150 g de poudre d'amandes**
- **50 g de sucre**
- **50 g de sucre glace**
- **1 cuil. à soupe de miel**
- **1 œuf**
- **Extrait d'amande amère**
- **Extrait de vanille liquide**

Mélangez tous les ingrédients (comptez quelques gouttes pour l'extrait d'amande amère et l'extrait de vanille liquide) jusqu'à l'obtention d'une pâte homogène et encore un peu collante. Enveloppez-la d'un film alimentaire et laissez-la reposer au moins 4 heures au frais.

Préchauffez le four à 160 °C (th. 5-6).

Formez un rouleau avec la pâte et coupez des disques de pâte de 1,5 cm d'épaisseur que vous placerez dans des moules à mini muffin en silicone ou beurrés. Vous pouvez aussi les poser tels quels sur une plaque de cuisson recouverte d'une feuille de papier sulfurisé.

Mettez au four pour 20 minutes.

À la sortie du four, attendez 10 minutes et démoulez les macarons. Conservez-les dans une boîte métallique.

Moelleux à la chicorée

Préparation : 30 minutes · Congélation : 2 heures · Cuisson : 25 minutes
Difficulté : ★ Budget : ★★

Pour 6 personnes

Pour le cœur

- **15 cl de crème anglaise**
- **1 cuil. à soupe de chicorée liquide**

Pour le moelleux

- **150 g de beurre tempéré**
- **120 g de sucre**
- **1 sachet de sucre vanillé**
- **3 œufs**
- **120 g de farine**
- **60 g de poudre d'amandes**
- **½ sachet de levure chimique**
- **4 cuil. à soupe de crème liquide**
- **2 cuil. à soupe de chicorée liquide**

Mélangez la crème anglaise et la chicorée puis versez le tout dans des moules demi-sphères en silicone ou des moules à glaçons et placez-les au congélateur pour au moins 2 heures.

Mélangez le beurre tempéré et les sucres jusqu'à l'obtention d'une crème mousseuse.

Ajoutez les œufs un à un. Incorporez la farine, la poudre d'amandes, la levure puis la crème et la chicorée. Mettez dans 6 moules individuels beurrés ou en silicone. Placez, au centre de chaque moelleux, un insert de crème à la chicorée surgelée puis mettez au four pour 25 minutes à 180 °C (th. 6).

À la sortie du four, attendez 5 minutes puis démoulez.

Moelleux aux spéculoos

Préparation : 40 minutes · Cuisson : 20 minutes · Congélation : 2 heures
Difficulté : ★★ Budget : ★

Pour 6 personnes

Pour le cœur
- **200 g de spéculoos**
- **50 g de beurre mou**
- **9 cl de lait**
- **60 g de sirop de glucose**
- **100 g de chocolat blanc**

Pour le moelleux
- **50 g de beurre tempéré**
- **60 g de sucre**
- **3 œufs**
- **3 cuil. à soupe de crème liquide**
- **150 g de farine**
- **½ sachet de levure chimique**
- **⅓ cuil. à café de sel**

Réduisez les spéculoos en poudre à l'aide d'un mixeur puis ajoutez le beurre pommade.

Dans une casserole, faites chauffer le lait et le sirop de glucose puis versez le lait bouillant sur le chocolat blanc. Mélangez jusqu'à l'obtention d'un mélange homogène.

Ajoutez ce mélange aux spéculoos et mélangez bien. Remplissez 6 empreintes à mini bouchée ou un bac à glaçons que vous placerez au congélateur 2 heures minimum. Réservez le reste dans un bocal en verre.

Mélangez 180 g de pâte de spéculoos, le beurre tempéré et le sucre. Ajoutez les œufs un à un, la crème puis incorporez la farine, la levure et le sel.

Mettez dans 6 moules individuels beurrés ou en silicone, laissez reposer 1 heure au frais. Placez au centre de chaque moelleux un glaçon de pâte de spéculoos sans trop enfoncer. Mettez au four préchauffé à 200 °C (th. 6-7) pour 20 minutes.

À la sortie du four, attendez 5 minutes puis démoulez et laissez refroidir sur une grille. Servez de préférence tiède.

Mousse au chocolat et spéculoos

Préparation : 30 minutes · Repos : 24 heures · Cuisson : 5 minutes · Difficulté : ★ Budget : ★

Pour 4 personnes

- **100 g de chocolat dessert**
- **3 œufs**
- **6 spéculoos**

Faites fondre le chocolat au bain-marie. Hors du feu, ajoutez les jaunes d'œufs un à un en mélangeant énergiquement.

Montez les blancs d'œufs en neige et incorporez-les délicatement au chocolat.

Réduisez les spéculoos en poudre à l'aide d'un mixeur et ajoutez-les à la mousse.

Répartissez la préparation dans 4 bols et placez au frais 24 heures.

Nieulles

Préparation : 20 minutes · Repos : 1 heure · Cuisson : 20 minutes · Difficulté : ★ Budget : ★

Pour 6 personnes

- **250 g de farine**
- **50 g de sucre**
- **100 g de beurre**
- **1 jaune d'œuf**
- **3 cuil. à soupe de lait**

Dans un saladier mélangez la farine et le sucre, faites un puits et ajoutez le beurre tempéré. Travaillez du bout des doigts pour former un gros sable. Ajoutez le jaune d'œuf, le lait et pétrissez jusqu'à l'obtention d'une pâte lisse et homogène. Laissez-la reposer 1 heure au frais.

Étalez la pâte sur 0,5 cm d'épaisseur après avoir fariné le plan de travail et détaillez des sablés à l'aide d'un emporte-pièce cannelé.

Placez-les sur une plaque de cuisson recouverte de papier sulfurisé et mettez au four préchauffé à 180 °C (th. 6) pour 20 minutes. Les biscuits doivent légèrement dorer.

Attendez qu'ils aient totalement refroidi pour les retirer de la plaque. Conservez-les dans une boîte métallique.

Conseil : les nieulles sont des gâteaux traditionnels d'Armentières qui sont jetés du haut du beffroi de l'hôtel de ville lors de la fête locale.

Panna cotta aux bêtises de Cambrai

Préparation : 20 minutes · Repos : 2 heures · Cuisson : 5 minutes · Difficulté : ★ Budget : ★

Pour 4 verrines

Pour le caramel

- **8 caramels mous**
- **4 cuil. à soupe de crème liquide**

Pour la panna cotta aux bêtises de Cambrai

- **10 bêtises de Cambrai**
- **16 cl de lait**
- **30 cl de crème fleurette**
- **2 feuilles de gélatine**

Placez les caramels et la crème liquide dans un bol, mettez à fondre au micro-ondes 30 secondes, mélangez puis replacez au micro-ondes 15 secondes si nécessaire.

Versez la sauce caramel dans le fond des verrines en évitant les bords et placez au frais.

Réduisez les bêtises de Cambrai en morceaux en les écrasant avec un rouleau à pâtisserie.

Dans une casserole, mélangez le lait et la crème fleurette puis ajoutez les bêtises de Cambrai.

Portez à ébullition puis baissez le feu et mélangez jusqu'à ce qu'il ne reste plus de morceaux de bonbon. Ajoutez la gélatine préalablement ramollie dans l'eau froide et essorée.

Laissez refroidir et, avant la gélification, versez la panna cotta dans les verrines. Placez au frais 2 heures minimum avant de déguster.

Pâte aux spéculoos

Préparation : 15 minutes · Cuisson : 5 minutes · Difficulté : ★ Budget : ★

Pour 1 pot

- **200 g de spéculoos**
- **50 g de beurre**
- **9 cl de lait**
- **60 g de sirop de glucose**
- **100 g de chocolat blanc**

Réduisez les spéculoos en poudre à l'aide d'un mixeur, puis ajoutez le beurre en pommade et mélangez bien.

Dans une casserole, faites chauffer le lait et le sirop de glucose, puis versez le lait bouillant sur le chocolat blanc. Remuez jusqu'à l'obtention d'un mélange homogène.

Ajoutez ce mélange aux spéculoos et remuez bien.

Versez dans un pot en verre propre, fermez-le et laissez-le refroidir à température ambiante. Une fois refroidie, vous pouvez conserver la pâte pendant 3 semaines au réfrigérateur.

Spéculoos

Préparation : 20 minutes · Repos : 1 heure · Cuisson : 10 minutes · Difficulté : ★ Budget : ★

Pour 30 biscuits

- **150 g de vergeoise brune**
- **250 g de farine**
- **125 g de beurre**
- **1 jaune d'œuf**
- **4 cuil. à soupe de lait**
- **½ cuil. à café de bicarbonate de soude**
- **1 cuil. à café de quatre-épices**
- **Sel**

Mélangez la farine, la vergeoise, une pincée de sel, le bicarbonate et le quatre-épices.

Ajoutez le beurre pommade et commencez à travailler à la fourchette. Ajoutez le jaune d'œuf et le lait petit à petit jusqu'à l'obtention d'une pâte homogène et souple.

Enveloppez la pâte d'un film alimentaire et laissez reposer 1 heure au frais.

Étalez la pâte sur un plan de travail légèrement fariné et découpez-la à l'aide d'un emporte-pièce. Placez les formes sur une plaque de cuisson recouverte d'une feuille de papier sulfurisé. Replacez la plaque au réfrigérateur pendant que le four monte en température.

Mettez les biscuits à cuire 10 minutes à 180 °C (th. 6).

Laissez-les refroidir complètement avant de les décoller de la plaque.

Conservez-les dans une boîte hermétique.

Remarque : le spéculoos est un biscuit consommé traditionnellement lors de l'Avent ou de la Saint-Nicolas. On lui donne la forme de saint Nicolas en utilisant des moules préformés en bois. Dans une forme plus simple, le spéculoos accompagne aussi très souvent le café dans les brasseries et les restaurants de la région.

Tarte à la rhubarbe

Préparation : 30 minutes · Repos : 2 heures · Cuisson : 35 minutes · Difficulté : ★ Budget : ★

Pour 6 personnes

Pour la pâte sablée
- **250 g de farine**
- **90 g de sucre**
- **1 sachet de sucre vanillé**
- **30 g de poudre d'amandes**
- **150 g de beurre**
- **1 jaune d'œuf**
- **Sel**

Pour la garniture
- **800 g de rhubarbe**
- **100 g de sucre**
- **2 jaunes d'œufs**
- **1 œuf**
- **15 cl de crème liquide**
- **100 g de vergeoise**
- **3 cuil. à soupe de poudre d'amandes**

Épluchez et coupez la rhubarbe en tronçons. Placez-les dans un saladier avec les 100 g de sucre et laissez reposer 2 heures en mélangeant de temps en temps.

Mélangez la farine, les sucres, une pincée de sel et la poudre d'amandes. Faites un puits, placez au centre le beurre coupé en dés et le jaune d'œuf. Pétrissez jusqu'à l'obtention d'une pâte homogène, ferme et non collante. Enveloppez-la de film alimentaire et mettez-la au frais pendant 1 heure.

Étalez la pâte sur une feuille de papier sulfurisé, garnissez un moule à tarte de 24 cm de diamètre et placez-le au frais durant 30 minutes.

Préchauffez le four à 180 °C (th. 6). Piquez le fond de tarte à l'aide d'une fourchette, couvrez d'une feuille de papier de cuisson et remplissez-la de légumes secs. Mettez le plat au four pour 15 minutes.

Égouttez la rhubarbe. Mélangez les œufs avec la crème et la vergeoise.

Retirez les légumes secs, répartissez les 3 cuil. à soupe de poudre d'amandes sur la pâte puis la rhubarbe. Couvrez du mélange œufs-crème-vergeoise et placez au four 20 minutes à 200 °C (th. 6-7).

À la sortie du four, attendez 10 minutes pour démouler.

Tarte al chuc (tarte au sucre)

Préparation : 30 minutes · Repos : 30 minutes · Cuisson : 30 minutes
Difficulté : ★ Budget : ★

Pour 6 personnes

Pour la pâte brisée

- **250 g de farine**
- **125 g de beurre**
- **1 jaune d'œuf**
- **Sel**

Pour la garniture

- **200 g de vergeoise brune**
- **15 cl de crème fraîche épaisse**

Faites un puits avec la farine et mettez au centre le beurre tempéré coupé en cubes, une pincée de sel et sablez du bout des doigts. Ajoutez le jaune d'œuf, puis commencez à mélanger du bout des doigts. Ajoutez un peu d'eau petit à petit (5 cl) jusqu'à l'obtention d'une pâte homogène et formez une boule. Placez-la au frais 30 minutes.

Étalez la pâte et placez-la dans un moule de 24 cm de diamètre beurré et fariné. Piquez le fond avec une fourchette, puis étalez la vergeoise et répartissez la crème.

Mettez au four préchauffé à 180 °C (th. 6) pour 30 minutes.

À la sortie du four, laissez refroidir et démoulez.

Tarte flamande aux pommes

Préparation : 30 minutes · Cuisson : 40 minutes · Difficulté : ★ Budget : ★

Pour 8 personnes

- **7 pommes**
- **3 cuil. à soupe de vergeoise**
- **1 rouleau de pâte brisée**
- **40 g de beurre**
- **40 g de sucre**
- **1 sachet de nappage pour tarte**
- **Jus de pomme**

Épluchez les pommes et coupez-en 4 en dés. Faites-les cuire à feu doux avec la vergeoise et un fond d'eau jusqu'à l'obtention d'une compote sans morceaux.

Étalez la pâte brisée et placez-la dans une tourtière beurrée ou recouverte de papier sulfurisé. Piquez le fond avec une fourchette, étalez la compote refroidie puis disposez 3 pommes coupées en fines lamelles. Saupoudrez de sucre et déposez le beurre en petites noisettes.

Placez la tarte au four préchauffé à 180 °C (th. 6) pour 30 minutes.

Laissez la tarte refroidir puis préparez le nappage avec le jus de pomme en suivant les indications inscrites sur le paquet et laissez refroidir avant de déguster.

Tarte libouli

Préparation : 1 heure · Repos : 1 heure · Cuisson : 45 minutes · Difficulté : ★★ Budget : ★

Pour 8 personnes

Pour la pâte

- 10 g de levure fraîche
- 10 cl de lait
- 250 g de farine
- 1 œuf
- 60 g de beurre
- 1 jaune d'œuf
- ½ cuil. à café de sel

Pour la crème libouli

- 3 œufs
- 100 g de sucre
- 50 g de Maïzena
- 60 cl de lait
- 1 gousse de vanille
- 1 cuil. à soupe de gelée de pommes

Délayez la levure dans 3 cuil. à café de lait tiède et laissez reposer 10 minutes.

Faites un puits avec la farine, déposez-y l'œuf, le beurre fondu, le sel et la levure. Mélangez, ajoutez le lait puis pétrissez la pâte. Laissez la pâte reposer 1 heure dans un endroit tempéré à l'abri des courants d'air en la couvrant d'un torchon.

Pour la crème, fouettez les œufs et la moitié du sucre, puis ajoutez la Maïzena. Chauffez le lait avec le reste du sucre, la gousse de vanille fendue en deux et après en avoir gratté les graines. Portez-le à ébullition et ajoutez-le au mélange précédent hors du feu.

Remettez le mélange sur feu moyen et mélangez en continu. Dès que la crème épaissit, retirez-la du feu, versez-la dans un saladier, filmez-la au contact et laissez-la tiédir.

Étalez la pâte dans une tourtière de 24 cm de diamètre beurrée, formez de gros bords, dorez avec le jaune d'œuf puis versez la crème. Lissez la surface et avec les chutes de pâte, formez un quadrillage et badigeonnez-le d'œuf. Mettez au four 30 minutes à 210 °C (th. 7). À la sortie du four, laissez tiédir et badigeonnez de gelée de pommes.

Conseil : libouli veut dire « lait bouilli », cette tarte est également appelée tarte à gros bords, car autrefois, dans les familles modestes qui ne possédaient pas de tourtière, il fallait former un gros bord de pâte afin d'éviter que la crème ne s'échappe. Vous pouvez remplacer la gelée de pommes par de la confiture d'abricots.

Trifle aux fraises et spéculoos

Préparation : 30 minutes · Repos : 1 heure · Difficulté : ★ Budget : ★★

Pour 6 personnes

- **300 g de fraises**
- **250 g de mascarpone**
- **2 cl de crème anglaise**
- **3 sachets de sucre vanillé**
- **18 spéculoos**

Lavez et équeutez les fraises.

Fouettez le mascarpone, ajoutez la crème anglaise et le sucre vanillé.

Réduisez les spéculoos en poudre, mettez-en les deux tiers dans les verrines et tassez légèrement.

Versez la crème et placez au frais 1 heure.

Au moment de servir, déposez les fraises et saupoudrez de miettes de spéculoos.

Verrines de pomme et spéculoos

Préparation : 40 minutes · Cuisson : 15 minutes · Difficulté : ★ Budget : ★

Pour 6 verrines

- **4 pommes**
- **30 g de beurre**
- **2 sachets de sucre vanillé**
- **½ cuil. à café de cannelle en poudre**
- **18 spéculoos**
- **25 cl de crème liquide entière**
- **2 cuil. à soupe de sucre glace**

Épluchez les pommes, coupez-les en dés et mettez-les à cuire dans une poêle avec le beurre. À mi-cuisson, ajoutez 1 sachet de sucre vanillé pour les caraméliser légèrement, saupoudrez-les de cannelle. Laissez refroidir.

Cassez grossièrement les biscuits. Montez la crème très froide en chantilly, ajoutez 1 sachet de sucre vanillé et le sucre glace.

Alternez les pommes, les biscuits et la chantilly dans les verrines afin de former 6 couches.

Réservez au frais avant de servir.